ÉLOGE DE ROLLIN.

Discours qui a concouru à l'Académie Française pour le Prix du 25 août 1818.

Par Mr Crignon-Guinebaud.

> *Quid est tam admirabile quam ex infinitâ hominum multitudine existere unum, qui id, quod omnibus naturâ sit datum, vel solus, vel cum paucis facere possit.* Cicer. de Orat.

ORLÉANS,
IMPRIMERIE DE Mme Ve HUET-PERDOUX.
1819.

ÉLOGE
DE ROLLIN.

Les fastes de l'histoire et la longue suite des siècles découvrent constamment à l'homme observateur et au philosophe attentif les bienfaits de la nature sans cesse occupée de notre bonheur et de notre gloire. En effet, ne la voit-on pas se plaire, presque dans tous les tems, à reproduire sur la terre un nombre d'êtres privilégiés, qui s'élevant au-dessus deux-mêmes sont appelés par elle à servir de leçons aux grands et d'exemples aux autres hommes. Toujours en les tirant de l'obscurité elle verse sur eux ses plus précieuses richesses, et les comble des dons régénérateurs de l'esprit et du cœur. Elle les dédommage ainsi avec usure de ces avantages éphémères et frivoles que donne la naissance ou la fortune, et que le hasard où nos préjugés leur refusent. Elle les porte sur le théâtre du monde, les offre avec complaisance et même avec orgueil aux regards publics; et des derniers rangs de la société elle les fait monter aux premiers. Tantôt un génie fécond et brillant, de vastes et hautes conceptions, ou des talens rares et sublimes, tantôt d'illustres actions ou d'éminens services rendus à la patrie fixent sur eux l'admiration et la reconnaissance non seulement de leur siècle, mais encore de la postérité, toujours impartiale et toujours juste. La considération publique et le respect national accompagnent, annoblissent leur vie, et deviennent pour toujours leur apanage et leur propriété. C'est vraiment alors que les hommages trop souvent aussi déshonorans qu'injustes par l'abus servile qu'on en fait, et par l'aveugle prodigalité avec laquelle on les accorde, prennent un grand caractère de dignité et de noblesse, parce qu'alors l'équité seule les offre et les dispense, et que le vrai mérite ou la science les reçoit.

Pour l'avantage et le bonheur des hommes, ces preuves de la sage bienfaisance de la nature sont fréquentes. Ce qu'il est important d'observer, c'est qu'elle aime surtout à les renouveler dans un état pendant les jours de sa gloire et sous le règne des grands Monarques, parce qu'alors l'émulation et l'enthousiasme deviennent les dieux de tous. Alors tout semble faire effort et être jaloux de concourir à l'illustration du Souverain. S'il marche vers l'immortalité, il ne s'avance que précédé et suivi de sujets qui confondent avec les siens leurs titres aux hommages de l'univers. Les rayons de leur gloire se réfléchissent sur la personne du

Monarque, et la rendent plus auguste. Ses vertus même et ses qualités personnelles s'éclipsent en quelque sorte devant les hommes de génie, de quelque rang qu'ils soient, qui ont illustré son règne.

Tel fut Louis le Grand dont le siècle sera à jamais mémorable, plus encore par les savans en tout genre auxquels il donna naissance, que par les triomphes de ce grand Roi. Car la gloire de ses armes ne fut-elle pas balancée; ne fut-elle pas, le dirai-je, affaiblie même par les souffrances et les malheurs de la nation succombant sous le poids des victoires, et prête à expirer sur ses sanglans et trop nombreux trophées ? Mais celle qu'il partagea avec tant d'hommes célèbres, toujours pure, toujours inaltérable, ne brille-t-elle pas encore de tout son éclat ?

Charles Rollin se présente à la suite de Louis le Grand, et fait partie de son noble et nombreux cortège. Sa naissance obscure, le refus que la fortune lui avait fait de ses faveurs, furent les causes heureuses de l'éducation qu'il reçut. Il dut au hasard, et à un concours de circonstances imprévues, le bonheur d'être connu d'un de ces hommes rares et recommandables pour qui c'est un devoir, et même un besoin de découvrir, d'épier, pour ainsi dire, les talens, et de les encourager. Bientôt il juge ce que deviendra un jour le jeune Rollin ; déjà il lit dans l'avenir les grandes destinées qui lui sont réservées. Il sollicite et obtient pour lui une de ces places fondées dans les maisons d'éducation par la munificence royale, et il comble la mesure de ses bienfaits, en joignant à l'instruction publique ses soins particuliers. Par là il s'associe à sa réputation, et il s'approprie par avance une portion de sa future gloire. En effet, n'a-t-il donc pas aussi acquis des titres et des droits à la reconnaissance publique, celui qui assez éclairé, assez jaloux de l'illustration de la patrie pour chercher et distinguer d'un œil sûr et pénétrant l'aurore du génie, et pour deviner un grand homme, le proclame tel qu'il doit se montrer un jour, le présente avec assurance à son siècle et à la postérité, et devient pour ainsi dire garant, envers la patrie, de ses services et de ses succès ?

A peine parvenu au terme de son éducation, Rollin, passionné pour les belles-lettres et l'étude de l'éloquence, fixe déjà l'attention de ses maîtres. Il laisse bientôt loin de lui les jeunes élèves ses rivaux, et il doit à la supériorité de ses talens le surnom de *Divin*; dont l'honore son professeur lui-même, orgueilleux d'un élève si distingué. Il éprouve même un plaisir secret et réel à annoncer que bientôt Rollin le surpassera dans la science si épineuse de l'instruction de la jeunesse. Que cet aveu est modeste et noble tout à la fois ! Combien il est difficile de prononcer s'il est plus honorable pour le disciple que pour le maître ! Il est du moins consolant pour les sciences de voir que le désir bas et honteux d'abaisser les autres et de dénigrer leurs talens ne fut dans tous les tems que le vice de l'ignorance ou de la médiocrité.

Un penchant secret et un instinct invincible, si j'ose m'exprimer ainsi, nous précipitent vers nos destinées. A peine sommes-nous entrés dans le monde, que notre bonheur ou notre malheur, notre gloire ou notre obscurité sont irrévocablement fixés. Rollin est soumis à cette commune loi; son goût, peut-être aussi le sentiment si doux de la reconnaissance pour ceux qui l'avaient élevé, car cette vertu des ames pures et des cœurs sensibles fut sans doute aussi la sienne; ces deux agens, dis-je, si forts et toujours vainqueurs, l'entraînent vers l'étude. Il s'y consacre, il s'y livre tout entier ; si d'un côté les plaisirs vrais et les jouissances paisibles qui l'accompagnent s'accordent avec ses inclinations, de l'autre il croit déjà entendre la France qui réclame de lui des citoyens dignes d'elle, son Roi de fidèles et inébranlables soutiens du trône ; la religion des orateurs courageux et éloquens. Il réfléchit en même tems sur les obligations que s'impose celui qui se livre à l'instruction de la jeunesse. Il en voit, il en juge toute l'étendue et toute la grandeur ; mais la patrie l'attend et l'appelle ; il n'entend plus que sa voix. Son zèle secondera, et le succès couronnera ses efforts. Cet espoir le soutient et le décide. Devenu pendant sa vie le restaurateur et une des principales colonnes de l'instruction publique, on le verra perpétuer d'âge en âge, et bien au-delà de son existence, les services qu'il rendra à son pays ; et l'Europe entière sera même appelée à en profiter.

PREMIÈRE PARTIE.

Dans quelque rang que l'homme soit placé, l'état et la société ont des droits sur lui. Il leur apartient également. Il leur doit donc le tribut de ses talens ou de son industrie. Plus les dons qu'il a reçus de la nature sont grands, plus ses obligations sont multipliées et étendues. Les comptes qu'il doit rendre se mesurent sur ses richesses, parce qu'il n'en est que le dépositaire, ou plutôt le dispensateur. S'il les a obtenues, si elles lui sont confiées, c'est pour les communiquer et les répandre sans réserve. L'homme de génie ou le savant se montre plus qu'aucun autre impatient de payer cette dette sacrée, parce qu'il en apprécie mieux l'importance et l'obligation. Il sollicite, pour ainsi dire, de ses contemporains, l'emploi de ses talens ; et cette jouissance suffit à ses désirs et les satisfait. Il ne connaît point de droits fondés ou acquis à la reconnaissance publique; il ignore encore plus si même il est digne de la mériter. Mais il sait qu'elle est une faveur ; à ce titre elle peut être l'objet de ses plus ardens désirs ; elle l'enflamme, elle l'encourage ; mais il rougirait de la demander et encore plus de la solliciter.

Rollin, dans l'âge où l'esprit de l'homme commence à peine à sentir, à reconnaître les avantages de l'utilité de l'étude, est déjà jugé digne d'entrer dans la carrière pénible de l'instruction publique. Alors se déroule devant lui le tableau entier de ses devoirs. La réflexion vient acroître la responsabilité qui l'attend dans ses nouvelles fonctions ; et sa modestie double à ses yeux le fardeau dont il doit être chargé. L'idée de sa faiblesse, de l'insuffisance de ses moyens et de ses talens lutte puissamment contre le désir toujours constant de devenir utile à sa patrie. Il flotte quelques instans entre les besoins de son cœur et la crainte d'être inférieur à ce qu'il entreprend. Mais son attachement à la jeunesse, ses goûts, les conseils de ses amis triomphent de son incertitude. La méfiance qu'il a de ses forces acroît même ses efforts, et il s'élance dans la carrière qui s'ouvre devant lui, qu'il parcourera avec honneur, et dont il ne sortira que ceint de lauriers et couvert de gloire.

Étudier les hommes, les connaître et les juger, deviner, si j'ose le dire, l'esprit des jeunes gens, donner avec un sage discernement une sûre direction a leurs études, descendre dans leur cœur, en pénétrer, en régler les penchans, examiner s'il convient mieux, pendant le cours de leur éducation, de les traiter en hommes faits plutôt qu'en hommes encore enfans, fixer par avance leur place dans la société, telles sont ses premières recherches et ses principales occupations. Qu'y a-t-il en effet de plus important, de plus nécessaire à un maître que ce coup d'œil sûr et pénétrant qui juge par avance les talens de la jeunesse et l'étendue des espérances qu'elle lui donne ; récompense si douce des soins qu'il prodigue à son esprit et à son cœur ? Rollin la posséda toute sa vie au plus éminent degré, cette science si difficile à acquérir ; car ses jugemens et son opinion sur le talens des autres ne furent presque jamais en défaut.

Combien d'hommes célèbres dûrent à ses sages conseils le choix de l'état qu'ils embrassèrent, les succès brillans et la réputation qu'ils obtinrent ; succès que presque toujours il leur avait présagés, tant était grande sa pénétration pour deviner et juger les hommes dès leur entrée sur la scène du monde.

Studieux par devoir et par inclination, il se montre ami du silence et de la retraite, dans l'âge où l'homme ne sacrifie le plus souvent qu'à la dissipation et aux plaisirs ; il unit déjà à la vigueur, à l'énergie de la jeunesse, la patience, la maturité que donne l'expérience à la vieillesse. L'assiduité au travail, fruit ordinaire de l'habitude et quelquefois de succès publics est dans Rollin une passion naturelle, constante, et qui n'a besoin d'aucun encouragement. Déjà elle paralyse, elle anéantit même toutes les autres, elle absorbe toute son existence. Les orateurs, les écrivains de la Grèce et de Rome sont ses modèles. Il les met à contribution ; il cherche, il puise dans leurs écrits ce génie et ce feu dévorant du bien public qui les enflammaient. C'est dans ce mines fécondes, dans ces trésors inépuisables qu'il va recueillir les richesses qu'il doit, qu'il veut reverser sur la jeunesse confiée à ses soins. Cette facilité étonnante à parler en public, ce fini d'élocution, cette noblesse, cette pureté de stile, cet art à manier une langue qui n'est point la sienne, cette élégance soutenue, mais facile et coulante qui caractérisent ses ouvrages latins et surtout ses harangues; il vous doit toutes ces beautés, à vous, Orateurs anciens, qu'on n'appréciera jamais bien ; à vous, dont la lecture suspend encore notre admiration entre la grandeur, la richesse des pensées et le talent magique et séducteur avec lequel elles se développent et qui les embellit. Qu'ils devaient être sublimes ces plaidoyers, chefs-d'œuvre inimitables, modèles parfaits d'éloquence, quand dans la bouche des *Cicéron*, des *Démosthène* revêtus du charme de la diction, ils étonnaient le sénat romain ou l'aréopage d'Athènes ! Mais quel intérêt, quel charme nouveau devait leur prêter l'analyse savante et raisonnée qu'en faisait avec un art unique et un goût exquis Rollin, qui passait sa vie dans la compagnie de ces génies immortels de l'antiquité ! comme il devait être riche, quand, semblable à l'abeille qui revient après avoir butiné sur les fleurs, il se présentait à ses élèves chargé du miel précieux qu'il avait recueilli ! avec quel dicernement il savait offrir à chacun, si je puis parler ainsi, les sucs qu'il avait exprimés pour eux, et qu'il préparait suivant les dispositions de ceux dont l'éducation lui était confiée !

Je vous en atteste, vous, magistrats, l'honneur et la gloire du barreau français ; vous, littérateurs et savans distingués ; vous, orateurs éloquens de la religion ; vous tous enfin, qui avez connu ce grand homme, qui avez vécu avec lui, qui avez eu le bonheur de l'entendre, qui avez profité de ses leçons et hérité d'une portion de ses talens et de sa science. Paraissez dans cette enceinte auguste, unissez votre voix à la mienne pour faire dignement dans ce jour consacré à sa gloire, son éloge, et le récit fidèle et pompeux de ses travaux et de ses services. Venez attacher avec moi quelques fleurs à la couronne d'un savant si utile à sa patrie, qui fut et votre maître et votre ami. Dites avec quelle clarté il vous développait la marche, les effets gradués et progressifs, l'empire de cette éloquence mâle et fière, nécessaire au barreau, de cette éloquence victorieuse qui s'empare peu à peu de l'esprit des magistrats, qui dirige, fixe leur opinion en les éclairant, qui prépare leurs jugemens, et que le célèbre *Daguesseau*, son ami sans doute, déploya tant de fois et avec tant de supériorité dans le sanctuaire auguste de la justice ! Dites aussi comment ensuite il reposait votre attention sur les charmes de cette diction entraînante et persuasive, sur le pouvoir vainqueur de ce style tantôt flexible, tantôt soutenu, mais jamais sec ni aride, qui doit être, pour ainsi dire, l'essence de l'orateur chrétien, et dont Massillon son contemporain offre surtout des modèles parfaits et inimitables, fruits peut-être des conseils de Rollin. Religieux par principe, qu'il devait surtout être éloquent et sublime, quand il exposait la règle et la marche que doit suivre dans la chaire de vérité le ministre des autels ! quand il le peignait répandant les consolations touchantes de la vertu douce et paisible dans le cœur de l'homme coupable et repentant, ou quand, le suivant dans son vol hardi, il s'élevait avec lui à la hauteur de ces grandes vérités immuables parce qu'elles sont éternelles ! Avec quel talent, avec quelle énergie il savait développer les moyens puissans de conviction que doit employer le ministre du Très-Haut pour dissiper l'ignorance ou détruire des doutes funestes au bonheur et à la tranquillité des hommes !

Rollin s'avançait à pas de géant dans la carrière où il était entré. Bientôt son érudition et ses travaux lui méritent une place due et toujours donnée aux talens dans ce sanctuaire unique de toutes les sciences, où réunies et se prêtant un mutuel et solide appui, elles offrent à la capitale comme en un seul faisceau leurs richesses, leurs avantages et toute leur magnificence.

Quel spectacle alors se présente à mes regards ! à peine son cours d'éloquence est-il ouvert que toutes les portes du Collége royal sont assiégées. Sa réputation et ses leçons y attirent toutes les classes de citoyens. On se presse autour de lui, on ne l'entend jamais assez ; et le jour présent promet aux nombreux auditeurs de plus grandes jouissances pour le jour qui le suit. Cette enceinte se trouve trop resserrée pour l'empressement du public. Le domaine de la littérature paraît, en s'acroissant, lui appartenir tout entier. Il le parcourt dans toute son étendue, et il semble chaque jour en reculer les limites. Que ne puis-je vous le peindre réunissant par d'heureux et justes rapprochemens les écrivains, les orateurs de tous les siècles, les citant à son tribunal, les rassemblant autour de lui parés de toutes leurs richesses, les classant et plaçant sur le même rang ceux que la conformité du génie ou une même physionomie de style caractérise. Je vous le montrerais, tantôt faisant remarquer les différentes nuances, la teinte, les divers coloris qui sont la propriété et l'essence de chaque écrivain ; tantôt découvrant aux savans même qui l'écoutent, des beautés du premier ordre dans des morceaux épars, échappés à leur attention, qu'il recueille, qu'il analyse, qu'il dissèque, pour ainsi dire, devant eux avec méthode et précision, et dont il fait ressortir toutes les parties. Je vous montrerais, d'un côté, tout ce que la capitale renferme d'hommes éminens en science et en dignité, venant lui payer un tribut public et unanime d'amiration et de reconnaissance, et de l'autre sa modestie toujours constante, toujours inébranlable au milieu de ses triomphes. Vous verriez même ce sexe aimable et léger, pour qui les plaisirs bruyans ont tant d'attraits, les oublier, les suspendre sans peine quelque tems et accourir avec empressement sous ces voûtes augustes et paisibles. Vous le verriez écouter, admirer ce célèbre professeur et apprendre en même tems de lui que dans la science et l'étude il existe aussi des jouissances, mais des jouissances réelles et entières que ne suivent jamais le dégoût ni les regrets. Quel majestueux spectacle que celui qu'offre à l'univers le savant tout à la fois modeste et couvert de gloire, Roi, pour ainsi dire, dans le palais des sciences, commandant à la fois aux générations présentes et futures qui semblent prosternées en silence à ses pieds; s'élevant avec fierté au-dessus des âges, et s'avançant ainsi, sans le savoir, vers la postérité ! Immortel Rollin, pauvre, entraîné par le seul désir d'être utile à ta patrie, tu sus alors dédaigner et refuser constamment la récompense annuelle due et offerte à tes travaux. Presque aussi grand par ce noble désintéressement que par l'étendue de ton mérite, tu donnas par-là un exemple rare et peut-être unique en ce genre, et en même tems la mesure du pouvoir irrésistible et vainqueur qu'a sur l'homme instruit et pénétré de ses devoirs, l'amour vrai et profond du bien et de l'avantage public.

Louis le Grand, aussi élevé dans ses bienfaits qu'étonnant dans ses conceptions et hardi dans ses projets, aussi habile à distinguer les hommes célèbres que jaloux de se les attacher, ne devait-il pas à sa gloire de rapprocher du trône un citoyen si utile et que lui signalait le suffrage de la nation ? Rollin pouvait-il être le seul savant peut-être qui eût échappé aux recherches, à la protection et à la munificence d'un si grand Roi, autant qu'à son amour propre ? Non, il n'est point oublié ; et ce Monarque juge, avec raison qu'une récompense reçue de la main de son Souverain sera surtout pour lui une nouvelle invitation et même un ordre de payer à la patrie toute la dette qu'il est capable d'acquitter.

La place de chef suprême de l'instruction publique vient à vaquer. La voix de la nation, la justice appellent, et l'ordre du Roi élève bientôt Rollin à cette honorable et éminente fonction. L'hommage de toutes les classes de citoyens, les respects publics viennent assiéger et tourmenter sa modestie. Si la haute et spéciale considération dont le Monarque daigne honorer celui qui est revêtu de cette dignité, si le culte, pour ainsi dire unique qui lui est rendu dans le palais de nos Rois, et par leur ordre, si ces grandeurs humaines le flattent quelques instans, si enfin son cœur ne s'y montre pas insensible, c'est parce qu'elles sont pour lui le présage heureux, la garantie même de la protection du Souverain, et du prix qu'il attache à l'éducation. Alors ses devoirs s'agrandissent encore et se multiplient à ses yeux. Il promène ses regards autour de lui. Les destinées de la France, celles de toute la génération présente lui semblent reposer en partie dans ses mains. Cette florissante jeunesse, l'espoir de la patrie et le soutien du trône devient sa famille. Les vertus ou les égaremens, les lumières ou l'ignorance de cette portion si précieuse de la société seront désormais les résultats consolans ou douloureux, les fruits bons ou mauvais de ses travaux et de ses soins.

Quelles pensées accablantes! quelles obligations pour le sage pénétré de l'étendue de ses devoirs! aussi sa première volonté est de résister. Il lutte contre le vœu public, contre les conseils de ses amis, contre l'appel même de son Roi. S'il cède enfin, ce n'est qu'à la voix plus impérieuse pour lui de l'utilité générale. Qu'ils n'oublient jamais cette leçon mémorable, ceux que le suffrage de la patrie et l'ordre du Souverain portent à cette place si importante. Si Rollin lui-même est effrayé de sa responsabilité, s'il tremble de ne pouvoir remplir ses devoirs, qui pourra désormais lui succéder dignement ? combien donc il doit s'estimer heureux, celui qui le suivant de loin pourra encore mériter et obtenir la reconnaissance nationale !

Pendant le court espace de tems que le modeste Rollin occupe la place de Recteur, place à laquelle son rare mérite l'élève une seconde fois, son zèle ne connaît d'autres bornes que celles de ses travaux. C'est peu pour lui de porter un œil observateur sur toutes le parties de l'éducation, c'est peu d'exercer une vigilance active sur les maîtres comme sur les élèves, d'établir des règlemens uniformes, et une exacte discipline, de rectifier ou tempérer les abus; on le voit fixer son attention sur les statuts de l'université et les soumettre, dans le silence du cabinet, à un examen sévère et réfléchi. Bientôt ceux tombés en désuétude sortent de l'oubli, revivent et sont combinés par ses soins avec les mœurs et les usages de son siècle. La plus grande sagesse, la circonspection la plus éclairée président à ces changemens que le tems, qui détruit ou altère tout, lui semble rendre nécessaires. Il régénère l'éducation. On le voit reconstruire ou raffermir les parties faibles et chancelantes de cet édifice, et enfin le relever, en lui donnant la sagesse et la religion pour premiers fondemens. La vertu comme la science deviennent bientôt, sous un tel maître, le patrimoine de la jeunesse française, son plus noble et son plus bel apanage.

Fort de la solidité de ses conceptions et du plan qu'il a tracé, assuré par avance du succès de ses longues et sérieuses méditations, Rollin n'hésite pas un instant à soumettre encore au creuset de l'expérience les sages réglemens que sa prudence et sa connaissance profonde du cœur humain lui ont dictés. Aussitôt l'université prend un prompt essor et un vol rapide. Ce corps savant, guidé par lui, s'avance à grands pas vers cette haute réputation qu'il a soutenue si long-tems, et vers cette célébrité si méritée que le tems n'a point détruite. Puisse-t-il ce corps, dépositaire de l'instruction publique, craindre toute innovation, et redouter surtout tout système hardi et nouveau qui amènerait promptement une désorganisation générale, en se couvrant du masque trompeur de réformes et d'améliorations.

Que les principes éprouvés de Rollin, principes consacrés par le tems et plus encore par leurs succès, qui ne peuvent être contestés, soient toujours sacrés pour lui ; toujours respectés, il porteront la vie et la santé dans ce corps, qu'ils surent rajeunir et fortifier. L'amour de la patrie, l'honneur, la prudence, les malheurs encore récens défendent à jamais d'exposer aux hasards presque toujours funestes d'un changement trop étendu et trop subit, l'éducation, sur laquelle repose la félicité publique et particulière; dépôt sacré que nul n'a droit de sacrifier ni même de compromettre.

Si Rollin fut, à l'âge de quarante ans, honoré du titre d'associé à l'Académie des Inscriptions, ce titre ne lui parut jamais qu'un motif de plus à la réconnaissance envers son Roi. Mais les travaux que cette place réclamait de lui n'eurent point à ses yeux l'importance et l'utilité de ses autres devoirs. Faire preuve de ses talens devant une assemblée nombreuse et éclairée, recueillir des applaudissemens et chercher la célébrité n'était pour lui qu'une légère et faible jouissance. Sa modestie se refusait à ces triomphes flatteurs, mais passagers; ce cœur vertueux et sensible pouvait-il connaître d'autre désir, d'autre besoin que de partager avec la jeunesse les richesses, les talens qu'il croyait n'avoir reçus que pour les lui transmettre?

Si les qualités qui font le charme et la douceur de la société ne s'éclipsaient pas devant celles plus précieuses qui constituent le savant ou l'homme de génie, je vous parlerais de l'affabilité de Rollin, de sa candeur, de la simplicité de sa vie et de ses mœurs. Je vous le peindrais au milieu de ses élèves leur égal et leur ami, plutôt que leur maître. Je vous le montrerais toujours modeste parmi les savans qui venaient le visiter et le consulter, demandant des avis à ceux qui cherchaient le sien, soumettant ses opinions à ceux qui n'attendaient que son jugement, et interrogeant avec franchise ceux mêmes dont il pouvait et devait être le guide et l'oracle.

Les titres vains et pompeux ne sont quelque chose et n'ont de prix que pour celui qui n'est rien et ne peut être rien par lui-même. Mais peuvent-ils flatter le vrai savant qui sait les apprécier, et qui plane pour ainsi dire au-dessus de l'espèce humaine? Cependant, juste envers soi-même, sans le vouloir, mais par ce noble orgueil qui nous porte à nous juger, il se place si non au-dessus, au moins au niveau de ses contemporains. Aussi Rollin, bien loin de rougir de sa naissance, semblait s'en faire un mérite. Supérieur aux vains préjugés, il plaisantait avec ses amis de l'obscurité de son origine; il en instruisait même ceux qui l'ignoraient. Une voix secrète et intérieure semblait lui rappeler que, digne de l'immortalité, il s'est, pour ainsi dire, recréé lui-même, que déjà il n'appartient plus à la terre, et qu'il ne peut et ne doit regarder désormais comme véritable existence que celle que donnent à l'homme la science et la vertu.

Il fut attaché par devoir à son pays, et il

aima et respecta la religion par principe. Sa dignité, sa noblesse furent le sujet continuel de son étonnement et plus encore de ses méditations. Aussi l'homme ne lui paraissait-il ferme et vigoureux que soutenu par elle et couvert de son égide. L'existence d'un homme qui se dit sans Dieu, sans autel, sans croyance, lui semblait être et même aux yeux de la seule raison devoir être, chimérique et impossible. Tout ce qui imprime un grand caractère à la religion, tout ce qui peut en démontrer la nécessité, était pour lui respectable et sacré. Si cet homme si éclairé, si instruit, ajouta une croyance peut-être trop facile et trop forte à des événemens qui eurent lieu sous ses yeux, et à qui un esprit de parti dominant alors s'efforça d'imprimer la marque et le sceau d'une puissance surnaturelle et divine, cette légère faute, si c'en est une, peut-elle être mise dans la balance avec de si grands services rendus, et tant de titres de gloire? Devrais-je même rappeler cette circonstance, si quelques écrivains de nos jours ne l'avaient pas présentée comme une tache dans la vie de Rollin?

Qui pourra enfin dignement retracer l'emploi et l'utilité de jours entièrement consacrés à l'éducation de la jeunesse ! Qui dira l'importance des obligations que la France entière eut à ce grand homme, de celles qu'elle lui a même encore, obligations qui s'accroissent à mesure que sa mémoire et ses écrits traversent les âges et les générations ? Il fut le restaurateur de l'université, le père, le protecteur de la jeunesse, la gloire du corps célèbre dont il fut l'associé, et qui s'honora peut-être plus par ce choix qu'il n'honora celui qui devenait ainsi un de ses membres. Voilà, en peu de mots, l'éloge tout entier de Rollin pendant sa vie ; voilà quels sont ses titres, incontestables sans doute, aux hommages de son siècle et de la postérité. Balancer les services qu'on a rendus vivant par ceux qu'on rend après soi aux âges qui suivent, c'est enfin arriver au plus haut degré de célébrité et de gloire où puisse parvenir un mortel.

SECONDE PARTIE.

Les bornes de la vie et l'obscurité du tombeau ne sont redoutables que pour celui qui traîne des jours inutiles à lui-même et perdus pour la patrie. La mort le frappe tout entier ; un éternel oubli l'attend et devient son partage. Son nom et sa mémoire se perdent pour toujours dans la poussière des âges ; mais le savant brave avec fierté le dévorant abime du tems qui se ferme sous ses pas et sait le respecter. L'avenir est à lui comme le présent ; il domine son siècle, et il s'avance vers les autres avec assurance, précédé de sa gloire et couronné d'immortels lauriers.

Cette pensée qui enfanta tant de chefs-d'œuvre et tant d'ouvrages impérissables, peut-être aussi ce désir secret que l'homme a de survivre à lui-même, et sans doute plus encore pour Rollin l'amour brûlant et jamais satisfait d'être utile à la jeunesse, le décident à offrir aux tems qui le suivront un monument durable de son zèle constant. Déjà il approchait de l'âge où la vigueur de l'esprit humain commence à décroître et à s'affaiblir ; et il n'avait encore écrit qu'en latin, langue qui lui était aussi familière que la nôtre. Il rend son dernier hommage à cette langue si riche, si féconde, qui avait été pour lui déjà la source de tant de gloire et de sa haute réputation. Quintilien avait été son guide dans l'étude de l'éloquence. Il veut que cet écrivain de prédilection pour lui soit encore, quand il n'existera plus, comme une mine féconde où la jeunesse puisse, à son exemple, chercher les trésors inépuisables qu'elle renferme. Pour lui faciliter la lecture de cet ouvrage, il élague, il retranche tout ce qui peut trop fatiguer ou suspendre son attention. Il resserre dans un cadre plus étroit, et met ainsi dans un plus grand jour les principes de cet habile maître. Il place ensuite à la tête de cet ouvrage une préface latine remarquable par son érudition, par la pureté du style et par les grandes vues qu'elle annonce. Avec quel art il y rend justice à Aristote ! Après avoir vanté la connaissance profonde qu'il avait de l'esprit humain et du pouvoir de l'éloquence sur l'homme, après avoir analysé l'étendue et le secret de ses principes, comme il signale cependant ses défauts et particulièrement cette subtilité adroite et cette fatigante aridité qui nuisent à l'effet et à la vérité de ses préceptes ! Si dans l'ouvrage de Cicéron sur le même sujet il admire le charme, la riche élégance, le luxe pompeux de ses pensées, la cadence combinée, la symétrie de ses périodes, il ne craint pas de démontrer le peu d'ordre qui règne dans cet écrivain. Il ose blâmer les dangers de son style trop fleuri, trop maniéré et manquant souvent de cette noblesse toujours nécessaire à celui qui s'érige en maître, qui donne des leçons et qui cherche à convaincre et à persuader. Puis décernant la palme à Quintilien, vous le voyez prouver jusqu'à l'évidence la force, la valeur, la sûreté des moyens qu'il propose pour parvenir à la vraie éloquence, et aussi la clarté et le talent supérieur avec lesquels cet orateur s'explique. Enfin il prononce, il décide que parmi les anciens, Quintilien est le meilleur maître, préférable à tous, en un mot le maître par excellence, parce que son ouvrage possède et réunit les qualités éparses et disséminées dans ceux qui ont traité le même sujet.

S'il fait voir l'éloquence sous le règne d'Auguste dans toute sa vigueur et ensuite déclinant dans les ouvrages de Sénèque, et dégénérant rapidement en un jargon sentencieux, redondant de figures et brillant d'étincelles passagères et fugitives, signal certain dans tous les tems de la décadence du goût, aussitôt après ce tableau il peint avec chaleur et à grands traits Quintilien luttant avec courage contre ce vice naissant, s'élevant hardiment contre ce luxe faux et dangereux de l'art oratoire, contre cette réunion confuse et monstrueuse d'ornemens factices et clinquans qui éblouissent la jeunesse, mais qui toujours trompent et altèrent son goût, en le flattant. En un mot, sans parler de la latinité pure, facile et coulante avec laquelle la préface de cet ouvrage est écrite, elle me semble un modèle de perfection par le résumé complet et précis qu'elle contient des principes de l'éloquence, par son étonnante clarté et par ce talent surtout inappréciable de dire tant de choses en si peu de mots.

Pénétré de l'esprit et des préceptes de Quintilien qui toute sa vie avait été son guide, Rollin conçoit alors le vaste plan d'un ouvrage en langue française, sur la manière d'étudier et d'enseigner les belles-lettres. Peu d'années lui suffisent pour terminer ce travail important. Dans ce code immortel ne se montre-t-il pas législateur aussi éclairé que profond ? Il dicte des lois à une famille dont il est le chef, et il lui impose l'étroite obligation de les suivre avec l'assurance que donne toujours la conviction intérieure qu'on veut et qu'on fait le bien; chacun y trouve gravés ses devoirs. Maître ou élève, tous en les étudiant, en descendant dans leur cœur, peuvent juger facilement s'ils ne restent point au-dessous de leurs obligations. L'admiration se repose avec complaisance tantôt sur les recherches longues et pénibles qui ont précédé cet ouvrage, tantôt sur la sagesse, sur l'ordre, la marche et l'ensemble parfait du plan. On n'y trouve jamais de ces systèmes fondés sur des probabilités qu'on s'efforce de donner avec assurance comme des vérités incontestables. Ici c'est une morale pure, mais jamais trop sévère; là se trouvent des moyens simples, mais sûrs, d'émulation et d'encouragement; enfin partout une noblesse constante, une élégance de style soutenue et variée. N'y distingue-t-on pas surtout une connaissance parfaite du cœur et de l'esprit humain, ainsi que des ressorts secrets et des moyens puissans qu'on doit mettre en œuvre suivant les circonstances pour toucher et persuader? Tout n'y est-il pas empreint d'un attachement religieux aux principes des anciens? Rollin ne parle, n'écrit que d'après eux. Il a surtout la modeste attention d'avertir le lecteur, qu'il ne croit être que l'organe de ces hommes célèbres, avec lesquels il s'est tellement identifié, qu'il est lui-même et eux tous ensemble. Tels sont, à ce qu'il me semble, les caractères distinctifs et particuliers de cet ouvrage, qui suffirait pour assurer la réputation de Rollin.

Aussi son mérite et l'influence qu'il doit avoir sur l'éducation sont bientôt reconnus, même au-delà de nos frontières. A peine cet ouvrage paraît-il qu'on voit les têtes couronnées, les Princes et particulièrement le Monarque régnant alors en Prusse, s'empresser de le faire connaître dans leurs écoles publiques. Ainsi un ouvrage qu'il n'avait offert, n'avait consacré qu'à sa patrie, devient le régulateur, le guide de la jeunesse dans l'Europe entière. Rollin obtient chez l'étranger un culte et des autels, lorsqu'en France son front était à peine ceint d'une couronne. Il faut l'avouer, ce savant, cet homme si utile, si connu par son panégyrique du Roi en Sorbonne, par sa fameuse harangue pour l'avénement de Philippe V au trône d'Espagne, par les remercîmens qu'au nom de l'université il adressa au Roi pour l'établissement de l'éducation gratuite, et par tant d'autres écrits fugitifs, tous marqués du cachet de la plus belle éloquence et du goût le plus épuré, Rollin eut long-tems des admirateurs plus zélés, plus nombreux en pays étrangers que dans sa patrie. Quoique la France reconnaissante sut lui rendre justice et l'apprécier, sa réputation fut long-tems mieux établie et plus assurée chez les peuples voisins que parmi les Français. L'envie y retarda pour quelque tems ses triomphes. Elle s'efforça de l'appeler à son tribunal rigoureux et presque toujours injuste; elle osa l'accuser d'une prolixité languissante, d'une monotonie fastidieuse, d'une négligence prolongée, qui rendaient, suivant elle, moins saillans et moins puissans des principes qu'elle jugeait trop épars et trop disséminés.

Mais appuié et soutenu de l'opinion et du suffrage public, Rollin triomphe de son vivant. Il écrâse ses ennemis du poids de sa gloire; et ce triomphe n'aura plus d'autre terme que celui des tems. Oui, homme immortel, ton siècle et la postérité ont pour toujours fixé ta place, non parmi ces génies rares et extraordinaires que la nature ne crée que par longs intervalles, mais parmi les grands écrivains utiles à leur pays, et même au monde entier. Leur jugement est irrévocable et sacré, parce qu'il est juste. Oui, la réputation qui se survit aussi long-tems touche de bien près à l'immortalité. Semblable à l'aigle qui planant dans les cieux méprise le reptile obscur qui se traîne sur la terre, tu n'as plus rien à redouter de la critique austère ni de l'envie. Le laurier qui ceint ton front ne périra qu'avec ta mémoire qui elle-même ne s'anéantira qu'entraînée par la destruction des âges.

Juges trop sévères de nos jours, vous qui entre autres défauts lui reprochez de n'avoir pas assez répandu dans son ouvrage cet esprit sentencieux et philosophique que vous croyez être le cachet de tout bon écrivain, vous qui le blamez de n'avoir pas aveuglément sacrifié à cette idole dont le culte commençait à s'établir parmi les écrivains ; vous qui peut-être le verriez plus grand, s'il brillait de l'éclat de ce flambeau douteux qui ne jetait dès-lors qu'une lumière très-incertaine, avouez-le franchement, cet esprit philosophique dont on parle tant et qu'on ne définit jamais, eût-il donc donné à Rollin plus de talent pour développer la texture et l'ensemble de notre langue, pour apprendre aux élèves à la parler et à l'écrire avec pureté, pour poser les règles de l'art oratoire, pour dévoiler les charmes et l'empire de la poésie, pour persuader aux jeunes orateurs que les mots ne sont que pour les choses, que les expressions les plus brillantes, les plus pompeuses ne sont en elles-mêmes qu'un son vide et insignifiant, et que la vérité seule est estimable et estimée. L'homme qui analyse si bien les orateurs anciens, qui démontre avec tant de clarté et de précision la noble et inimitable simplicité des livres saints, qui en fait ressortir avec tant de goût les inépuisables beautés, qu'eût-il fait de plus, s'il eût été entraîné par cet esprit philosophique si difficile à redresser dans ses écarts ? Son attachement à la jeunesse, le besoins impérieux de lui être utile, ne lui mettaient-ils pas dans la bouche tout ce qu'il devait dire, et ne dirigeaient-ils pas sa plume plus sûrement que ne l'eût fait la subtilité de cette philosophie naissante ? La postérité a-t-elle donc droit de lui demander plus qu'il n'a fait pour elle ? Y a t-il quelque chose de plus parfait que son traité sur la solide gloire ? Peut-on développer d'une manière plus admirable et avec plus de méthode les moyens de l'obtenir et les traits qui servent à discerner le fantôme de la réalité ? Parle-t-il de l'éloquence ; comme il en distingue et en nuance les différens genres ! comme il détaille leurs caractères, leurs propriétés, leurs effets, enfin les expressions et le style qui conviennent à chacun ! Si sa plume retrace les devoirs des maîtres et des élèves, ne reconnaît-on pas les sentimens, la touche d'un homme qui conseille ou commande ce qu'il a essayé, ce qu'il a fait lui-même, et qui n'hésite pas à en garantir le succès ? Rien enfin n'est oublié ; chaque situation du maître et de l'élève est prévue et saisie ; partout on trouve le sceau de l'expérience ; et partout se manifeste, se renouvelle aussi le vœu bien ardent et fortement prononcé d'être utile à la jeunesse. C'est le but direct auquel tendent ses travaux ; c'est l'essence et l'âme de ses ouvrages, c'est son plus doux et plus consolant espoir.

Je l'avouerai ; peut-être son traité sur la philosophie eût pu et dû même être perfectionné et travaillé avec plus de soin. Il eût pu et peut-être dû en retrancher plusieurs détails trop longs et minutieux, surtout dans la partie qui traite de la physique. Peut-être la vraie philosophie n'y est-elle pas saisie ni envisagée sous tous les points de vue qu'elle présente. Peut-être convenait-il de l'offrir sous un aspect plus grand et plus noble, et de lui donner une attitude plus fière, plus élevée, plus vénérable et plus digne d'elle ; peut-être n'a-t-il pas assez démontré toute l'utilité de cette science divine qui ne doit qu'éclairer l'esprit humain mais jamais l'éblouir. Ses grands et intimes rapports avec l'essence de l'homme, les dangers qui l'environnent quelquefois, les écueils qu'elle présente, d'autant plus dangereux qu'ils sont plus cachés, eussent pu être mieux signalés et mis par lui dans un plus grand jour, et les bornes où l'intelligence humaine doit s'arrêter, mieux fixées, afin que l'homme connût d'une manière certaine où doit cesser le raisonnement et le doute, et commencer son admiration. Mais Rollin alors n'avait point à combattre une fausse philosophie ennemie de l'homme comme du citoyen, et des Rois comme des sujets. Ne connaissant pas cet adversaire si redoutable maintenant, il n'avait point d'armes, ni pour l'attaque ni pour la défense.

La persuasion dans laquelle il était que l'étude et la connaissance de l'histoire sont un des points les plus importans de l'éducation parce que là seulement on peut placer l'exemple à côté et à l'appui des principes, lui fit concevoir un grand et nouveau projet. Pour l'exécuter, semblable à un architecte qui reunit autour de lui de nombreux matériaux pour élever un vaste et pompeux édifice, qui met à contribution toutes les régions de l'univers, et qui rassemble avec soin tout ce qui doit entrer dans sa construction, et la rendre plus solide et plus riche, il presse ses recherches, les réunit, lie entre elles toutes les parties, met ensuite la dernière main à cet étonnant édifice, et il se prépare ainsi, sans s'en douter, un nouveau monument de célébrité et de gloire.

Ce fut sans doute un travail bien long et bien difficile que celui de lire et consulter tous les anciens historiens, de les comparer entre eux, de les rapprocher les uns des autres, de juger soi-même sévèrement les événemens, d'après les diverses opinions des écrivains anciens, de déchirer le voile dont ils sont enveloppés, et enfin de ne prendre pour guides que ceux dont la narration, dégagée d'invraisemblances ou de contrariétés, offre plus d'exactitude et plus de vérité dans les détails et dans les faits.

Qu'on se représente, si on peut, Rollin seul, dans le silence du cabinet, parcourant d'un œil observateur et scrupuleux tous les âges du monde, remontant jusqu'à sa naissance, en examinant et scrutant toutes les annales, cherchant les nations jusques dans leur berceau, relevant toutes leurs généalogies, tous leurs titres, les appelant devant lui et les interrogeant sur leur existence. Qu'on se le figure ensuite les suivant pas à pas, les rapprochant les unes des autres, les classant par âge et par siècle, considérant sous le vrai point de vue leur origine, leurs progrès, leurs caractères distinctifs, leurs vertus, leurs vices, leurs lois, leur célébrité et enfin leur chûte, et profitant toujours avec sagesse et habileté de chaque événement remarquable, pour démontrer la décadence progressive et la fragilité de tout ce qui existe on aura alors la mesure du travail, des talens et de la facilité de ce savant qui termina son histoire ancienne dans l'espace de huit ans. Si on y trouve quelques morceaux échappés à sa plume, dont l'authenticité n'est pas irrécusable, quelques légères inexactitudes dans les dates, quelquefois une trop grande facilité à croire et à donner pour vrai ce qui n'est que douteux, je le demande, n'est-il pas au-dessus des forces morales de l'homme, qu'un ouvrage si étendu, basé sur des monumens aussi obscurs que ceux qui existaient sur l'origine des anciens peuples, soit sans aucune imperfection ? Mais cela empêche-t-il qu'il ne soit dans tous les tems par son but, son utilité, ses immenses recherches, par son style toujours exempt d'emphase et de luxe, qui est le seul qui convienne à l'histoire, une preuve incontestable de l'application constante, de l'assiduité infatigable de Rollin au travail, de son goût et de ses hautes connaissances ? Enfin, ne suffit-il pas, pour en achever l'éloge, de dire que plusieurs écrivains ont essayé de lui disputer la palme, et que jusqu'ici, tous trop téméraires, ils sont restés bien loin derrière lui ?

Couvert de gloire, il touche à l'époque de la vie où la nature semble avertir l'homme que l'heure du repos sonne pour lui, et qu'il doit s'endormir paisiblement sur ses trophées.

Mais pourquoi faut-il que l'habitude de l'étude et du travail dans les uns, dans les autres la passion jamais éteinte de la gloire, étouffent cet avertissement intérieur ? Par quelle fatalité l'homme veut-il toujours rester dans l'arêne ? Pourquoi ne s'aperçoit-il pas que ses pas y deviennent chancelans et mal assurés ? est-il donc dans l'ordre des choses, qu'arrivé au faîte de l'élévation, l'homme déjà placé parmi les immortels, laisse sur la terre quelques traces de sa faiblesse et de sa fragilité ? Rollin en fait la triste expérience.

L'histoire des anciens peuples est à peine terminée, que remettant à d'autres tems le soin de retoucher, de travailler les parties que lui-même jugeait exiger quelques corrections, et prenant encore pour le feu du génie ce qui n'était plus qu'une étincelle faible et mourante, il commence l'histoire des Romains, de ce peuple dont il avait toujours été l'admirateur. Sans doute personne n'eût été plus capable que lui de dessiner à grands traits les actions d'héroïsme, les vertus, les conquêtes, les victoires et la chûte du premier peuple de l'univers. Mais pour un tel tableau il fallait un pinceau hardi et vigoureux. Le sien ne l'était plus. Les couleurs sur sa palette étaient pâles et dégénérées. Un peintre que glacent les ans, peut-il bien retracer aux autres ce qu'il n'est plus en son pouvoir de se représenter à lui-même ? On retrouve trop souvent, je l'avouerai, dans l'histoire Romaine, ou plutôt dans le peu que Rollin en a écrit, des matériaux informes et confus, qu'une main mal assurée n'a pu ni perfectionner ni mettre à leur place. Le style faible et lâche y signale le dépérissement des facultés morales de l'écrivain. Cet ouvrage imparfait est bien loin d'ajouter quelque chose à la gloire de l'auteur ; mais il ne peut en rien l'altérer. Ne lui doit-on pas d'ailleurs la réunion précieuse de la grande partie des matériaux qu'une autre main a su y employer.

Rollin, toujours brûlant d'amour pour l'utilité publique témoigne souvent à ses amis le plus ardent désir de pouvoir terminer cet ouvrage important, et dernier fruit de sa vieillesse ; mais ses vœux ne sont point exaucés. La mort le frappe et l'arrête impitoyablement au milieu de ses travaux. Cet homme, ce savant si utile à sa patrie à laquelle il sacrifie ses jours, et célèbre dans toute l'Europe, paye le tribut à la nature. Il succombe sous le poids des ans, couvert d'honneur et de gloire, et emportant dans la tombe les regrets de son siècle.

Il était digne de vous, Messieurs, de ce corps auguste a qui fut toujours confié le dépôt précieux du goût et de l'amour de la littérature et des belles-lettres, de proposer l'éloge de Rollin, de cet homme célèbre, et peut-être trop oublié de nos jours. Pour demander de nouvelles couronnes pour lui, pour jeter des fleurs sur son tombeau, quel siècle fut plus favorable, plus digne de cet honneur que celui où les lumières se sont étendues et multipliées avec une étonnante rapidité ! Rollin n'a perdu aucuns de ses lauriers, pour avoir passé à travers les âges. Le savant que Louis le Grand daigna honorer de sa bienveillance et de sa protection, pouvait-il ne pas être l'objet des souvenirs, de la vénération même de notre siècle ? Le règne sous lequel nous avons le bonheur de vivre, le règne d'un Monarque qui dans sa haute sagesse combine les moyens les plus sûrs, les plus puissans pour replacer l'éducation publique sur ses anciens et solides fondemens, ne devait-il pas signaler sa reconnaissance envers Rollin qui toute sa vie fut l'ami, le protecteur de la jeunesse ?

Peut-être, Messieurs, vous sont réservés la jouissance de solliciter et le bonheur d'obtenir du Souverain l'érection de monumens nationaux qui consacrant enfin solennellement les travaux, la mémoire de Rollin, ainsi que de tant d'autres savans du siècle dernier, paieront à leurs talens et à leurs éminens services le tribut tardif, mais juste et toujours honorable de la reconnaissance nationale.

Puisse ton esprit, homme immortel, revivre parmi nous ! puissent tes principes être les guides des ces hommes si recommandables qui se sacrifient dans tous les tems à l'instruction de la jeunesse ! O toi, Rollin, toi qui fus son ami constant, quelle dut être ta douleur à la vue des malheurs longs et affreux qui ont frappé dès le berceau la génération actuelle ! Puisse ton ombre si long-tems errante, rapelée enfin dans ces asiles paisibles consacrés à l'éducation, s'y reposer encore et s'y consoler ! Puissent tes écrits ramener et retenir les jeunes Français, l'espoir de la patrie, dans les sentiers de la vertu et de l'honneur ; puissent-ils rallumer en eux le goût et l'amour presque éteint de l'étude et des sciences ? Puissent - ils enfin proternés devant ton buste auguste et vénérable, te reconnaître et te proclamer solennellement avec nous le père de la jeunesse française et le bienfaiteur de toute la nation !

www.ingramcontent.com/pod-product-compliance
Lightning Source LLC
Chambersburg PA
CBHW070544080426
42453CB00029B/1285